VIE

DU VÉNÉRABLE

CURÉ D'ARS,

ABRÉGÉE

TEXTUELLEMENT D'APRÈS LA VIE ÉCRITE,

PAR

A. PEZZANI,

AVOCAT A LA COUR IMPÉRIALE DE LYON,

ET

J.-B. GONDY,

AUTEUR DE PLUSIEURS OUVRAGES D'INSTRUCTION ET D'ÉDUCATION.

Prix : 25 centimes.

LYON,

CHEZ J.-B. GONDY, 3 RUE DE MARSEILLE.

1861.

AVIS IMPORTANT.

Nous parlerons toujours du Curé d'Ar
avec la profonde conviction de sa sainteté
mais nous n'entendons aucunement empiéte
sur les droits de l'Église, seule compétent
pour la canonisation. Nous raconterons auss
quelques miracles dont l'authenticité est l
mieux attestée, mais nous ne prétendons pa
devancer l'enquête à laquelle procédera san
nul doute l'autorité ecclésiastique. Noire in
tention est seulement de la préparer en fai
sant connaître les faits accrédités dans l'opi
nion publique.

Extrait de la Préface : *Vie du vénérable Cur
d'Ars*, par J.-B. GONDY et A. PEZZANI, avocat
la Cour impériale de Lyon,

UN JOLI VOLUME DE 108 PAGES ;
Prix : 80 centimes.

Tout exemplaire de cet Abrégé qui ne portera pas nôtr
signature, doit être réputé contrefait.

J. B. Gondy

Lyon. — Impr. de NIGON, rue Dubois, 7.

VIE

DU VÉNÉRABLE

CURÉ D'ARS.

JEAN-BAPTISTE-MARIE VIANEY, Curé d'Ars, dont le nom est devenu si célèbre dans toute la France et une bonne partie de l'Europe, est né en 1786 à Dardilly, riant et gracieux village des environs de Lyon.

Il était le troisième et dernier des enfants de parents très-chrétiens qui cultivaient, dans une douce aisance, le précieux héritage de leurs aïeux.

Le jeune Vianey fut consacré à Dieu dès sa naissance et d'une manière toute particulière par sa bonne mère, qui lui apprit dès l'âge le plus tendre à bégayer les doux noms de Jésus et de Marie, et, dit un auteur qui a écrit l'histoire de sa vie, l'on peut dire que le double prénom que ses parents lui imposèrent devait être comme la prophétie des vertus principales qui le distingueraient un jour, à savoir, un zèle ardent pour le salut des âmes, un amour non moins ardent des austérités de la pénitence, enfin une tendre prédilection pour la Sainte-Vierge.

En effet, le saint Curé d'Ars qui, avec le nom, avait aussi hérité des vertus de celui qui prêchait dans le désert la venue du Sauveur du monde, avait la plus grande dévotion envers la Reine des Anges. Comme un autre S. Bernard, il fut bientôt persuadé qu'il ne s'accorde aucune grâce dans le Ciel sans la puissante intercession de cette bonne mère, et c'est pourquoi il l'a toujours priée avec tant de zèle et tant d'amour depuis son enfance jusqu'à son dernier soupir. Aussi, on aimait à lui entendre répéter ces paroles : « J'aimais la « Sainte-Vierge sans la connaître : la soutenir, « propager sa dévotion devant mes cama- « rades, était toute mon ambition, tout mon « bonheur. »

Heureux enfant qui, dès l'âge de cinq ans, priait déjà le Ciel de tout son cœur, de toute son âme ! Mais plus heureux encore ceux qui lui ont donné le jour, parce qu'ils n'ont rien négligé, soit par leurs exemples, soit par leurs sages conseils, pour donner une éducation véritablement chrétienne à ce fils prédestiné qui devait être un jour l'une des plus grandes gloires de Dieu et de l'Eglise !

Puissent donc tous les pères et toutes les mères suivre l'exemple des parents du saint enfant de Dardilly !

Dès l'âge de six ans, le jeune Vianey portait toujours sur lui l'image vénérée de la glorieuse mère de Jésus-Christ. Étant à la garde de ses troupeaux, il se plaisait à construire une petite chapelle avec de la terre ou dans le creux d'un arbre, et il excitait tous ses petits camarades à se prosterner au pied de ce sanctuaire improvisé pour chanter les louanges de Celui

qui a dit : *Laissez venir à moi les petits en-*
fants, car ils sont les bénis de mon Père.

Mais ce qu'il y a de plus remarquable dans
un enfant de cet âge, c'est qu'il se distinguait
déjà par son ardente charité envers les pauvres et envers tous les infortunés. On peut
donc bien dire que, semblable à l'Enfant Jésus,
Jean-Baptiste-Marie Vianey croissait aussi en
âge et en sagesse sous les yeux de son père et
de sa mère auxquels il était soumis en toutes
choses. Il assistait régulièrement à la sainte
Messe, et c'était là son plus grand bonheur.

Ainsi, dit un célèbre écrivain, se manifes-
taient les saintes dispositions que la grâce cul-
tivait en lui dès le berceau ; ainsi se dessinait
déjà, en un âge si tendre, cette habitude chrétienne qui ne devait plus le quitter, celle de
partager son temps entre le travail et la prière.
Le moment de la première communion le sur-
prit dans la pratique de ces vertus fondamen-
tales du disciple de Jésus, et cette pratique
était d'autant plus difficile, plus méritoire à
cette époque, que la révolution, poussée aux
excès, avait, au nom de la liberté des cultes,
fermé les églises catholiques, chassé les minis-
tres de Dieu, affaibli la foi ou du moins le zèle
d'un grand nombre, et livré la jeunesse sans
pasteur à toutes les passions de son âge. La
maison paternelle du jeune Vianey, gardienne
sévère des bonnes traditions chrétiennes, ne
s'était point ressentie de la funeste influence
de ces temps de désordres. Aussi le pieux enfant était il dès longtemps préparé, par la vie
pure qu'il avait menée, à s'approcher digne-

ment de la manne eucharistique; c'était un ange qui allait s'asseoir à la table des anges; c'était un vase d'élection qui allait puiser à la source cette eau vive qui éteint la soif des faux biens de ce monde; c'était un adorateur en esprit et en vérité qui allait recevoir le Dieu caché que son cœur connaissait depuis long-temps.

De berger, il devint agriculteur sitôt après sa première communion; il était un modèle de vertus pour les domestiques de la maison de son père, et l'on pourrait dire pour tous les habitants de la paroisse. Il regardait les travaux de la campagne comme des œuvres de pénitence qui ne peuvent manquer d'être agréables à Dieu, si l'on sait lui en offrir les prémices, ce qu'il faisait tous les matins. Il n'oubliait pas non plus la Sainte-Vierge, et il la considérait comme son avocate auprès du trône de Dieu, avec une entière confiance qu'infailliblement elle obtiendrait pour lui ce qu'il désirait si ardemment.

C'est aussi à cette époque qu'il se mit sous la protection de sainte Philomène en qui il a toujours eu la plus grande vénération, ainsi que nous le verrons plus loin.

Dès l'âge de douze ans, Jean-Baptiste-Marie Vianey avait renoncé à tous les amusements que recherchent cependant avec tant d'avidité les jeunes gens; son unique pensée était celle de Jésus-Christ, mort sur le Calvaire pour la rédemption de tous les hommes.

A l'église c'était un saint.

Ainsi que nous l'avons déjà dit, Jean-Baptiste-Marie-Vianey était un vase d'élection tout rempli de la grâce de Dieu. Nous ne nous trompons pas en disant que c'était un digne successeur des Apôtres, et que, par sa piété, ses nombreuses austérités et son amour véritable de Dieu et des hommes, il devait s'élever à la hauteur des plus grands saints dont s'honore l'Eglise.

Il ne pouvait paraître plus à propos pour réveiller les saintes doctrines dans ce siècle d'égoïsme et d'incrédulité, et pour prouver une fois de plus à tous les faux prophètes que Jésus-Christ est toujours avec son Eglise et qu'il y sera jusqu'à la fin des siècles : » *Si quelqu'un* « *m'aime, il sera aimé de mon Père, et nous* « *viendrons à lui, et nous ferons notre demeure* « *en lui.* » Et le divin Maître ajoute : « *Je ne* « *laisserai pas mes disciples orphelins, mais je* « *viendrai à eux.* »

Néanmoins, comme tous les élus de Dieu, le jeune Vianey devait boire dans le calice de l'adversité avant de connaître sa sublime vocation. Chaque fois qu'il avait le bonheur de communier, jamais l'on ne vit dans le temple du Seigneur un enfant ni plus recueilli ni plus respectueux. Ah ! c'est que le saint jeune homme savait que c'était là que réside Celui qui juge les rois de la terre devant lesquels cependant les autres hommes n'approchent qu'en tremblant ! *Quâm terribilis est locus iste ! Non est hic aliud nisi domus Dei et porta Cœli.*

Mais ce qui acheva de former ce jeune cœur à toutes les vertus, ce fut la lecture des saintes Ecritures et tout particulièrement les Vies des

Saints ; et le plus souvent, en lisant, de grosses larmes de tendresse coulaient le long de son visage. Après son travail, tout son temps était donné à Dieu, et il lui arrivait très-souvent de passer une partie des nuits à la prière et à la méditation.

Tant de piété et de dévouement devait nécessairement attirer sur lui toutes les bénédictions du ciel. Aussi son heure devait bientôt venir, et Dieu, dans sa miséricorde, allait lui révéler ce qu'il voulait et attendait de lui.

Ses parents résolurent de le placer au petit séminaire de Verrières pour qu'il y continuât ses études classiques commencées par le digne curé d'Ecully, disciple de saint Bruno, et expulsé par la révolution d'un couvent de chartreux. Là, le jeune Vianey fut remarqué et bientôt cité par les maîtres comme un modèle à ses condisciples.

Le pieux séminariste achevait à peine le cours de ses études latines, lorsque se répandit le bruit que les jeunes lévites destinés au service de Dieu seraient inquiétés par le service militaire, rigoureusement exigé de tous. Pour échapper à cette obligation incompatible avec ses aptitudes et ses pensées, il alla se réfugier, à l'instar de son patron, saint Jean Baptiste, dans un désert retiré, pour s'y livrer sans obstacle cette fois à la méditation des vérités religieuses qu'il allait bientôt défendre par un long et courageux apostolat.

Après avoir souffert bien des fatigues, traversé bien des périls, franchi à pied de longues distances, visiblement protégé par la main de Dieu qui s'étendait sur lui, il pénétra dans les montagnes sauvages et abruptes d'Eourrès, village des Hautes-Alpes, arrondissement de Gap, canton de Sisteron, où il fut reçu par un fermier qui le prit à son service sous le nom de Jérôme. Il réforma la maison de son maître par ses pieux exemples et l'embauma en quelque sorte par le parfum de ses vertus. Il y établit des exercices réguliers de prières ; il dirigea lui-même l'éducation des enfants du fermier. Aussi, fut-il chéri et respecté de tous comme l'ange tutélaire de cette famille qui l'avait recueilli chez elle.

Sa mère, longtemps inquiète sur le sort de son fils, découvrit enfin le lieu de sa retraite ; elle alla l'y chercher, et quand elle le revit, sa joie éclata en sanglots ; elle le pressa sur son cœur. Le jeune Vianey, attendri lui-même jusqu'aux larmes, la reprit néanmoins doucement en lui disant qu'il fallait accepter toutes les crises et les épreuves avec résignation à la volonté divine. « Recevons, ajouta-t-il, de la Pro-
« vidence avec la même résignation le bien
« comme le mal, et bénissons Dieu qui a bien
« voulu nous réunir et faire cesser une dou-
« loureuse séparation. »

Les circonstances politiques avaient changé ; Vianey pouvait rentrer dans sa famille. Il put aller revoir le vénérable Curé d'Ecully qui le portait dans son cœur et conservait des regrets incessants de son départ.

Après trois années d'études consacrées à la philosophie et à la théologie, sous la direction de ce respectable maître, celui-ci le présenta au grand séminaire de Lyon pour être admis aux ordres sacrés. Mais soit insufisance d'instruction positive dans le candidat, soit effet de l'excessive timidité de son caractère qui n'était pas encore aguerri aux examens toujours plus sévères des grandes écoles, soit plutôt cause providentielle et dessein secret de Dieu, il ne put être reçu dans cette première épreuve.

Vianey fut sensible à cet échec, mais ceux qui comme lui voient en toutes choses l'action de la Providence, ne se découragent jamais, et se soumettent avec résignation à tout ce qui leur arrive de fâcheux. Il se mit à repasser avec une ardeur nouvelle les matières sur lesquelles devaient porter ses examens ; il ne se contenta pas de l'étude, il y joignit la prière qui fait bénir et prospérer le travail ; il s'adressa surtout à la Sainte-Vierge, que, dès ses plus jeunes années, il avait choisie pour confidente, pour conseillère dans tous ses desseins ; et la pensée lui vint de se présenter au grand séminaire de Grenoble. Cette pensée était celle que le Ciel devait favoriser ; il fut reçu sans difficulté dans ce grand séminaire, et quand ses supérieurs eurent connu sa fervente piété et les vertus évangéliques qui le distinguaient si éminemment de ses condisciples, ils se félicitèrent de cette acquisition et l'admirent avec joie dans la milice sainte. Ils firent briller à ses yeux les plus brillantes perspectives pour le conserver dans leur diocèse ; mais la reconnaissance et l'amitié qu'il devait à son vénérable maître, le curé d'Ecully, en avaient autrement décidé. Il résolut d'offrir à la vieillesse de ce bon pasteur le secours et le soulagement dont elle avait besoin, persuadé d'ailleurs que l'inexpérience de sa jeunesse n'aurait qu'à se louer des leçons pratiques qu'elle en recevrait pour la conduite des âmes et l'administration d'une paroisse. Sa pensée ne pouvait manquer d'être accueillie avec bonheur au presbytère d'Ecully ; le saint vieillard alla lui-même le demander à l'Archevêque pour son vicaire, et, « *ce jour-là, il y eut grande joie au presbytère d'Ecully.* » parce qu'une grande partie des difficultés que Dieu oppose toujours à l'œuvre des saints, avait été si heureusement surmontée.

Toutes les vertus que nous avons remarquées jusqu'à présent dans le jeune Vianey brillèrent de leur éclat le plus vif pendant son vicariat. Il y était soutenu par les grâces nouvelles qu'il venait de recevoir dans le Sacrement de l'Ordre, par l'héroïque piété de son vénérable Curé, par les habitudes contractées dès l'enfance, et surtout par la sainte foi du devoir, la nécessité de donner à ses paroissiens l'exemple des vertus chrétiennes qu'il leur recommandait dans ses prédications, dans ses instructions publiques ou particulières. Pauvre jusqu'au dénuement, il exhortait les pauvres à supporter avec patience, avec résignation les privations de tous les genres que leur enverrait un Dieu né dans une crèche et mort sur une croix. Austère et mortifié jusqu'à se faire réprimer par un crucifié de la grande Chartreuse, il prêchait avec feu aux autres les saintes doctrines de l'abnégation et de la pénitence exigées dans l'Evangile. Pieux et fervent jusqu'à passer au pied des autels lès heures du jour ou de la nuit que ne réclamait pas le service positif de son ministère, il demandait sans relâche par la prière ou la méditation les grâces et les lumières dont il avait besoin pour s'acquitter saintement des sublimes fonctions qui lui étaient confiées pour le salut de ses frères. Dévoré du feu de la charité, du feu de cette charité qui fait monter l'homme déchu au rang des Chérubins et des Séraphins, il n'avait pas de repos qu'il n'eût trouvé le moyen de soulager la misère des pauvres, le moyen de réconcilier les pécheurs avec les lois de la pénitence, de réconcilier les malades avec Dieu et dans tous les cas avec la nécessité de la patience qui sanctifie la maladie. Son cœur ardent embrassait dans un commun sentiment d'amour toutes les misères humaines, parce que toutes sont un châtiment mérité par les violations de cette loi divine qu'il était chargé de faire connaître à ses frères.

Aussi, quel est l'orgueil qui eût longtemps résisté à cette angélique humilité! Quel est le riche qui n'eût pas versé son superflu entre les mains de cet apôtre de la charité! Quel est l'incrédule qui n'eût pas passé de l'admiration de tant de vertus à la croyance des doctrines qui les produisaient! C'est ainsi que le vénérable Curé d'Écully, accablé par les années, se voyait revivre dons son disciple chéri; c'est ainsi que tous deux, curé et vicaire, rivalisant d'austérités et de zèle, conduisaient leurs administrés à la pratique des vertus chrétiennes.

Cependant le jeune vicaire ne devait pas

jouir longtemps encore de la douceur de servir Dieu sous un maître tel que M. Balley. Une maladie déjà ancienne minait sourdement son corps usé par les années, les veilles et les fatigues du saint ministère. Tout à coup elle se réveilla menaçante pour ses jours.

Le lendemain, après la messe que le vicaire avait célébrée pour la santé du malade et à laquelle toute la paroisse avait assisté, le curé lui dit d'une voix mourante ces paroles qui furent les dernières :

« Mon bien cher ami, je vous remercie ;
« courage, continuez à aimer, à servir le bon
« Maître : il ne vous abandonnera pas. Je me
« recommande à vos prières ; pensez à moi au
« saint sacrifice de nos autels. Oh ! aimez tou-
« jours bien le divin sauveur Jésus. Adieu....,
« nous nous reverrons là-haut. Adieu. »

La paroisse d'Écully venait de faire une perte difficile à réparer ; mais si e'le perdait le maître, elle gardait le disciple qui marchait sur ses traces. Elle ne devait pas jouir longtemps de cette consolation. Peu de mois après la mort de M. Balley, son élève fut nommé à la cure d'Ars, vacante par la mort du titulaire. Cette nouvelle jeta la consternation parmi les habitants de cette commune. Tout ce que la supplication a de plus touchant fut tour à tour employé pour déterminer M. Vianey à rester avec eux ; mais leurs ardentes prières, qui l'émurent profondément et dans lesquelles il vit un nouveau témoignage de reconnaissance pour son maître chéri, ne purent faire fléchir dans son cœur la volonté d'accomplir le saint devoir de l'obéissance aux supérieurs. Tout ce qu'il put accorder à sa propre émotion et à celle de ses paroissiens, ce fut de lui épargner les douloureux adieux d'une nouvelle séparation ; il partit donc de nuit et se rendit où Dieu l'appelait. Et, quand il fut en vue de la terre qu'il devait arroser de ses sueurs, il s'agenouilla, suppliant Celui en qui il mettait toute sa confiance, d'y répandre les grâces nécessaires pour la fertiliser.

Plein de confiance dans l'assistance divine, il se mit à l'œuvre, et sachant par l'histoire de l'Eglise que le matériel découle du spirituel, que c'est l'esprit qui forme le corps, il s'appliqua à relever les ruines des temples spirituels formés par les âmes qui lui étaient confiées, avant de réparer celles du temple matériel qui n'en était que l'image.

Il commença par proscrire la danse chez ses paroissiens, jugeant avec raison cet amusement comme pernicieux au salut des âmes et aux habitudes de piété qu'il voulait faire régner parmi eux.

Lorsqu'il apprenait que les jeunes personnes de sa paroisse avaient fréquenté la danse, il ne pouvait s'empêcher de pleurer : il prenait alors cet air de tristesse et de compassion que la pensée du péché produisait toujours chez lui. Il lui est arrivé souvent de rester plusieurs jours sans prendre aucune nourriture, pour expier, par la sévérité de ce jeûne, les péchés de ces malheureuses filles qui n'avaient pas obéi à ses avis, et obtenir leur conversion.

Ce zélé ministre du Seigneur était aussi sévère à l'égard des jeunes gens qu'à l'égard des filles : « Les garçons, disait il, ont une âme à « sauver comme les filles ; il n'y a pas deux « chemins pour aller au ciel. » Dès le principe, plusieurs jeunes gens furent dociles à ses avis, adoptèrent avec empressement ses pratiques de dévotion et se firent recevoir aux confréries de la Sainte-Vierge. On les voyait fréquenter les sacrements ces jours là, et les grâces célestes, par l'intercession de Marie, commençaient à abonder dans cet heureux village. Quant aux jeunes filles, elles renoncèrent de bon cœur à ces divertissements qui pouvaient devenir dangereux pour elles, et formèrent le noyau de personnes dévotes et dévouées à la Sainte-Vierge, que l'affluence des pèlerins est venue augmenter.

C'est surtout à la célébration du dimanche que le saint pasteur donna ses soins. Avant sa venue, cette célébration était tout à fait négligée. On passait le jour consacré au Seigneur dans des délassements frivoles, s'ils n'étaient pas nuisibles et honteux. Les hommes employaient leur temps à jouer, à boire dans les cabarets, et après les libations continuées quelquefois pendant toute la journée, le soir venu, ils se livraient à des disputes suivies parfois de rixes où le sang coulait. Les femmes ne menaient pas, pour la plupart, une conduite plus édifiante, s'abandonnant à des promenades suspectes, à des jeux peu innocents, à la danse surtout, qui était leur passion favorite. En un mot, on s'occupait pendant le dimanche de tout hormis de Dieu et de son salut. Aussi, le pasteur eut-il beaucoup à faire pour rompre de vieilles habitudes, pour lutter corps à corps avec des préjugés si enracinés. Il fit de la sanctification du dimanche le sujet de plusieurs instructions. « On emploie, répétait-il souvent, « toute la semaine pour le corps et les besoins « matériels, n'est-il pas juste et convenable « d'accorder un jour à l'âme, à ses besoins « spirituels, au service du seigneur; il ne « demande qu'un jour sur sept, le lui refuserons-nous ? »

Sous l'impulsion de cette piété extraordinaire, qui s'exalait en ardents conseils, le village d'Ars fut peu à peu transformé. L'ascendant du bon Curé prit le dessus sur les mauvais penchants des paroissiens qui le regardèrent bientôt comme leur père bien-aimé, auquel chacun aurait craint de faire la moindre peine. Le respect du dimanche fut poussé si loin que les voitures amenant les pèlerins durent chômer ce jour-là, et que les cultivateurs cessèrent de se livrer à aucun travail manuel.

C'est surtout de l'incomparable curé d'Ars que l'on peut dire : « Il a passé sa vie à faire le bien. » Quelle existence que celle de ce pauvre prêtre ! De l'autel à la chaire, et de la chaire au confessionnal; à l'autel, faisant passer dans toutes les âmes l'inspiration qui l'animait, et la vénération profonde qu'il ressentait pour le Saint-Sacrement ; à la chaire modeste où il s'asseyait, enseignant le catéchisme à ses enfants, dans un style simple entrecoupé d'élans, d'aspirations célestes, qui touchaient les assistants jusqu'aux larmes, et brisaient l'incrédulité la plus invétérée. Nous avons eu le bonheur de l'entendre plus d'une fois, et jamais, non jamais, nous n'oublierons l'impression qu'il a faite à notre cœur ; nous la gardons comme le plus cher et le plus doux souvenir. Au confessionnal, que d'âmes égarées rappelées à Dieu, que de souffrances morales guéries ou consolées, que de passions apaisées, que d'infortunes soulagées ! Le bon Pasteur ne voulait pas employer un seul moment qui ne fût consacré au salut de ses ouailles : il dérobait tout ce qu'il pouvait au sommeil : et son zèle ardent égale, s'il ne dépasse pas celui des plus grands saints. Il aurait cru perdre sa journée, s'il n'avait pas opéré au moins une conversion, arraché une âme à Satan, et gagné un élu pour le paradis.

Beaucoup de fidèles avaient en M. le Curé d'Ars une confiance inaltérable, et ce n'était pas seulement pour les besoins spirituels qu'ils venaient le trouver, ils le consultaient aussi dans les affaires temporelles les plus épineuses, et en rapportaient de sages et prudents avis dont ils profitaient avec foi. Le peuple, dans sa pieuse crédulité, attribuait à un don du ciel les réponses du digne Pasteur ; il pensait, non sans raison, qu'un homme si vénérable devait être souvent visité par l'esprit de Dieu. On redevenait simple et bon rien qu'en lui parlant : on respirait, en un mot, une atmosphère de sainteté, de sagesse et de charité autour de lui ; toutes les mauvaises pensées de lucre, d'orgueil et de concupiscence disparaissaient comme par enchantement ; aussi de tous les points de la France et de l'étranger la foule de pèlerins accourait près du saint homme, avec un empressement qui rappelle les plus beaux jours de la foi chrétienne ; on pouvait dire que partout où le Catholicisme était connu, partout la réputation de M. le Curé d'Ars était répandue, et portée à la connaissance de tous les fidèles par les mille voix de la renommée et par la reconnaissance de ceux qui avaient eu le bonheur de le voir et de lui parler.

L'admirable confesseur est mort à la peine. Il n'a cessé ses travaux que lorsque l'épuisement l'a pris. Une nuit il ne put se rendre au sacré Tribunal, c'était l'indice de *sa pauvre fin*, comme il l'appelait avec l'humilité qui ne l'a point quitté ; mais ce jugement ne sera pas ratifié par ses contemporains ni par la postérité. Non, ce n'est pas *une pauvre fin*. Sa mort a été sublime comme sa vie. L'Eglise qu'il a honorée, mais dont nous ne voulons pas devancer les décisions, saura bien le dire ; elle classera un jour M. le Curé d'Ars parmi les plus grands modèles qu'elle présente à notre vénération.

Insistons maintenant sur les qualités morales et intellectuelles de M. Vianey. Tout en parlant des saints, du ciel et des choses divines, il gardait son langage familier et ne connaissait que les comparaisons populaires ; mais l'esprit de Dieu qui était en lui donnait aux paroles les plus vulgaires une magnificence de justesse et de naïveté incomparable. On ferait un recueil de ses mots : tous ceux qui ont entendu ses catéchismes pourraient en citer quelques-uns. Plongé dans la vie céleste et dans la lumière, il avait une grande compassion pour ceux qui étaient mêlés ou perdus dans les mondanités et les folies de la terre.

Il plaignait les pauvres gens du monde. Ils portent, disait-il, un manteau d'épines qui ne les garantit pas du froid, qui les pique et les fait saigner au moindre mouvement, tandis que les saints ont sur leurs épaules un bon manteau doux et chaud, tout doublé de peau de lapin. Je cite ses propres paroles, j'en puis garantir l'authenticité, et dans cette simplicité de langage, il y a une force et une grâce qui, je l'espère, n'échapperont pas au lecteur. Quelquefois aussi sa parole s'élevait, et tout en conservant sa familiarité acquérait une grandeur et même une pompe extraordinaires. Expliquant la procession du Saint-Esprit, il le peignait sortant du sein du Père et du Fils comme d'un océan de lumière et d'amour, semblable à une colombe secouant sur les hommes et sur la nature ses ailes chargées de rafraîchissement et de fécondité.

Que n'a-t-on recueilli tous ses catéchismes ! il y aurait là des trésors de foi, des explications lumineuses et splendides, soit des mystères, soit de la morale. Quelques-uns ont échappé à la perte regrettable que nous signalons, ils ont été écrits à l'aide de notes et de la mémoire par l'auteur d'*Ars et le jeune philosophe*, par un des éditeurs de ce livre, et dans *Le pèlerinage d'Ars*.

Nous allons nous permettre quelques citations de ces instructions sublimes et éloquentes par leur simplicité même :

Le bonheur de l'homme sur la terre, mes enfants, est d'être bien sage; ceux qui sont bien sages bénissent le bon Dieu, ils l'aiment, le glorifient et font toutes leurs actions avec joie et amour, parce qu'ils savent que nous ne sommes en ce monde que pour servir et aimer le bon Dieu.

Voyez les mauvais chrétiens : ils font tout avec peine et dégoût : pourquoi, mes enfants ? parce qu'ils n'aiment pas le bon Dieu, parce que leur âme n'est pas pure et que leur espérance n'est plus au ciel, mais sur la terre. Il faut nous décider, une bonne fois, à travailler sérieusement à notre salut; notre âme est comme un jardin où les mauvaises herbes sont toujours prêtes à étouffer les bonnes plantes et les fleurs qu'on y a semées. Si le jardinier qui doit prendre soin de ce jardin se néglige, s'il n'a pas continuellement la bêche et la pioche à la main, fleurs et plantes disparaissent bientôt. Ainsi, mes enfants, disparaissent, sous les vices, les vertus dont Dieu s'est plu à orner notre âme, si nous négligeons d'en prendre soin. De même qu'un jardinier vigilant travaille du matin au soir à détruire les mauvaises herbes de son jardin et à l'orner de fleurs, travaillons aussi chaque jour à extirper les vices de notre âme et à l'orner de vertus. Voyez, mes enfants : un jardinier ne laisse jamais prendre racine aux mauvaises herbes, parce qu'il sait qu'il ne pourrait plus venir à bout de les détruire.....

Ô mes enfants, que nous sommes ingrats! Le bon Dieu nous appelle à lui, il veut nous rendre éternellement heureux, et nous étouffons sa parole, nous ne voulons point partager son bonheur; il nous fait un précepte de l'aimer, et nous donnons notre cœur au démon . . . .

Le bon Dieu commande en maître à toute la nature! il se fait obéir par les vents et les tempêtes : les anges tremblent à ses volontés adorables ; l'homme seul ose lui résister.

Voyez : Dieu nous défend cette action, ce plaisir criminel, cette vengeance, cette injustice : n'importe! nous voulons nous satisfaire : nous aimons mieux renoncer au bonheur du ciel que de nons priver d'un moment de plaisir, que de quitter une habitude criminelle, que de changer de vie. Que sommes-nous donc pour oser ainsi résister à Dieu! Cendre et poussière qu'il pourrait anéantir d'un seul regard. . . . . . .

O mes enfants, offenser un Dieu qui ne nous a jamais fait du mal, c'est être bien ingrats ; mais offenser un Dieu qui ne nous a jamais fait que du bien, n'est-ce pas là le comble de l'ingratitude?

Mais de tous ces catéchismes, les plus sublimes étaient ceux qui avaient pour objet la description du paradis et du bonheur surnaturel qui est réservé aux élus. Là le bon Curé était dans sa sphère. Il décrivait ce qu'il voyait et goûtait par avance ; car, quoiqu'il fût encore sur la terre par les souffrances qu'il guérissait, par les intérêts auxquels il se trouvait mêlé comme directeur et comme conseil, son regard était céleste, il avait déjà un pied dans la vie future. Voici ce qu'il répétait toujours avec variété et surabondance :

Mes enfants, nous ne pourrons jamais avoir une juste idée du ciel que lorsque nous y serons ; c'est un trésor caché, c'est une abondance de douceurs secrètes, c'est une plénitude de joie qu'on peut sentir, mais que notre pauvre langue ne peut expliquer. Que peut-on imaginer de plus grand? le bon Dieu lui-même sera notre récompense : *Ero merces tua magnanimis* Mon Dieu! le bonheur que vous nous promettez est tel, que les yeux de l'homme ne peuvent le voir, ses oreilles l'entendre, et son cœur le concevoir.

Représentons-nous, mes enfants, un jour éternel et toujours nouveau, un jour toujours serein, toujours calme, la société la plus délicieuse, la plus parfaite. Quelle joie, quel bonheur si nous pouvions posséder sur la terre pendant quelques minutes seulement, les anges, la sainte Vierge, Jésus-Christ! Dans le ciel ce ne sera pas seulement la sainte Vierge, Jésus-Christ, que l'on verra éternellement : ce sera le bon Dieu lui-même! Nous ne le verrons plus à travers les ténèbres de la foi, mais à la clarté du jour, dans toute sa majesté. . . . .

Quel bonheur de voir ainsi le bon Dieu! les anges le contemplent depuis le commencement du monde, et ils ne s'en rassasient pas ; ce serait pour eux le plus grand malheur que d'en être privés un seul instant. La possession du ciel seul, mes enfants, ne peut jamais causer du dégoût ; on possède le bon Dieu, l'auteur de toutes les perfections. Voyez : plus on possède le bon Dieu, plus il plaît ; plus on le connaît, plus sa connaissance a de charmes et d'attraits. On le verra toujours, et on désirera toujours le voir ; on goûtera toujours le plaisir qu'il y a de jouir du bon Dieu, et on n'en sera jamais rassasié.

Il avait des délicatesses inouies envers les pénitents endurcis, ou ceux qui avaient besoin de consolations spéciales. Il savait les distinguer dans la foule et les appelait à lui. Nous aurions à faire beaucoup de citations, d'après les documents déjà publiés, nous n'en ferons qu'une, encore inédite, et dont nous avons la connaissance personnelle.

Un avocat à la Cour impériale de Lyon, dont nous taisons le nom, s'était rendu à Ars, attiré par la réputation de son pasteur. Comme il y avait beaucoup de monde, il ne put lui parler pendant 48 heures; il allait repartir sans l'avoir vu en particulier, et il était mêlé dans le chœur avec plusieurs pèlerins. M. Vianey sortait alors du confessionnal des femmes; il s'agenouille au pied du Maître-Autel, jette un regard pénétrant sur notre personnage, et, s'avançant aussitôt vers lui, il lui tend la main, et, quoiqu'il ne l'eût jamais vu, il lui dit: « Mon cher avocat, je vous attendais, venez. » Le prenant avec lui, le bon Curé l'entraîne dans la sacristie où ils restent enfermés pendant une demi-heure. Il ne nous est pas permis de révéler ce qui s'est passé entre eux; toutefois nous pouvons dire, sans violer le secret de la confession, que le pèlerin s'est retiré enchanté du prêtre, consolé de ses chagrins, et raffermi dans sa foi.

Nous avons rapporté cet exemple entre mille de la singulière perspicacité de M. Vianey, mais nous affirmons à nos lecteurs que ces faits remarquables se sont reproduits bien souvent.

Le Christ interrogé un jour par les docteurs

de la loi sur les prescriptions de la morale, leur répondit : « Vous aimerez le Seigneur vo-
« tre Dieu par dessus toutes choses, et votre
« prochain comme vous-même par amour de
« Dieu. Voilà toute la loi et les prophètes. » Il résulte de ce texte sublime que tout se réduit en définitive pour l'homme dans l'amour envers Dieu et envers le prochain : de là deux vertus essentielles, la piété et la charité. M. Vianey poussa, ainsi que tous les grands Saints, à un extrême point ces deux vertus mères de toutes les autres. A l'exemple de sainte Thérèse, de saint Stanislas Kotska, de saint François-Régis, il aimait à répéter ces paroles des psaumes : « Qu'ai-je à désirer dans le ciel
« et que puis-je aimer sur la terre, si ce n'est
« vous, ô mon Dieu ! »

On raconte que beaucoup d'incrédules, venus pour tourner en dérision le vénérable Pasteur, ou tout au moins avec des idées préconçues contre lui, se sont retirés bouleversés et à moitié convertis, tant est grande la puissance de la sainteté, et l'influence que sa vue produisait sur les âmes les plus endurcies.

En été, M. Vianey arrivait à l'église à une heure du matin ; après avoir fait la prière, il entrait au confessionnal jusqu'à cinq heures du matin ; il sortait du confessionnal des femmes pour se rendre à celui des hommes, qui se trouve dans la nouvelle sacristie ; à six heures et demie il disait la messe ; à sept heures il bénissait les chapelets, les médailles qu'on lui présentait et apposait sa signature sur les images et sur les livres. Après la bénédiction de ces objets, il se rendait à la cure pour prendre son déjeûner qui se composait d'un demi-litre de lait bouilli et de deux onces de pain. Ensuite, il rentrait au confessionnal des hommes jusqu'à onze heures. A onze heures, il faisait son catéchisme, à onze heures et demie, il visitait ses malades. Son dîner se composait, comme son déjeûner, d'un peu de lait et de pain ; il n'a fait usage de vin et de viande que depuis quelques années. A une heure après midi, il allait chez les Missionnaires pour recevoir les lettres qu'on lui adressait. Dans le trajet de la cure à la maison des Missionnaires, il était suivi d'un nombre considérable de personnes qui se pressaient autour de lui pour lui parler ; il leur distribuait des médailles jusqu'à l'église. Il en est qui lui coupaient ses cheveux, sa soutane pour en faire des reliques. En sortant du confessionnal des femmes, il se rendait à celui des hommes, où il demeurait jusqu'à sept heures et demie ; il faisait ensuite la prière du soir et rentrait à la cure pour se reposer.

Ne pouvons-nous pas nous écrier ici comme déjà nous l'avons fait dans le cours de ce travail : Quelle vie ! toute d'abnégation, de dévouement, de charité inépuisable ! M. Vianey disait un jour : « S'il n'y avait pas de paradis, « je serais volé. » Non pas que les récompenses éternelles fussent l'unique mobile de sa belle conduite, car nul n'a montré autant de désintéressement. Non pas qu'il faille voir dans ce mot l'expression du moindre doute, car il est permis de croire que, très-souvent, le digne Prêtre avait entrevu, dans ses contemplations extatiques, les joies du ciel, qu'il avait entendu le chœur des anges et des bienheureux chantant les louanges du Dieu trois fois Saint. Il ne faut voir dans ses paroles qu'une fine raillerie à l'adresse des impies et des incrédules. En effet, s'il n'y avait pas une autre vie de bonheur, d'expiations et de châtiments, l'accomplissement du devoir serait sans aucune sanction, Dieu ne serait plus Dieu, il serait injuste ou impuissant. Et nous tirons, surtout, de l'admirable vie du curé d'Ars qui doit infailliblement obtenir sa récompense, une nouvelle preuve de notre immortalité et des vérités augustes de la religion. En présence de cette vie si monotone en apparence et pourtant si variée par la foule toujours croissante des pèlerins venus pour des besoins divers de tant de points de la France et de l'étranger et qui s'en retournaient les uns pleinement satisfaits, les autres au moins consolés, en présence de ces jours passés à faire le bien, employés exclusivement à ramener la santé dans les corps et la foi dans les âmes, en présence de ce tombeau si nouvellement ouvert et cependant déjà vénéré, en présence de ce concours inusité de personnes de tout rang, autour d'un pauvre Curé de campagne, quel est l'homme qui pourrait douter encore, qui ne sentirait pas ses incertitudes ébranlées et détruites; quel impie, ou quel athée oserait soutenir qu'après la mort il n'y a plus rien? Il faudrait que la chrétienté eût de nos jours plus d'un de ces spectacles pour les méditer et en tirer de salutaires enseignements.

Quelle leçon et quel exemple, en effet, pour des chrétiens, que sa mort et ses funérailles ! Nous avons dejà exprimé qu'il était mort presque en confessant ou tout au moins qu'il était sorti du tribunal de la pénitence et qu'il n'y était pas rentré à cause de l'épuisemeut et du mal dernier qui le terrassait. Lorsqu'on apprit cette nouvelle, ce fut une consternation ; on espérait toutefois toujours qu'il en serait de lui, comme il y a dix-huit ans, où il avait été ressuscité en quelque sorte de plus bas encore ; pour ce saint Curé, dont l'existence était un miracle continuel, on comptait sur un nouveau miracle. Il eu a été autrement : Dieu, qui pensait que M. Vianey avait assez fait pour la gloire, a recueilli dans son sein cette âme privilégiée. Peut-être a-t-il trouvé dans ses décrets, toujours admirables, que sa mort et son tombeau serviraient autant que sa vie à l'édification et à la conversion des pécheurs. Il est mort le 4 août 1859, à deux heures du matin. Au simple bruit de sa maladie et plus tard de sa mort, des milliers de pèlerins étaient accourus. On pourrait dire que de dignes funérailles lui ont été faites, si quelque chose pouvait être digne sur cette terre pour un homme, selon le cœur de Dieu, tel que le regrettable M. Vianey.

Mgr Chalandon, pendant qu'il était évêque de Belley, se hâta de nommer M. le Curé d'Ars, chanoine honoraire de la cathédrale de Belley ; mais le nouveau chanoine, après avoir refusé de toutes ses forces le camail, écrivit qu'il l'avait vendu pour fonder des missions, son œuvre de prédilection (on en compte plus de cent de sa création dans le diocèse). Une lettre, si originale d'humilité et de désintéressement, passa des mains de l'Evêque à celles du Ministre, et les faveurs du pouvoir ecclésiastique furent suivies de celles du pouvoir civil. Sur un rapport de la police, qui constatait que trente mille pèlerins, par an, se rendaient à Ars, le chanoine réfractaire fut nommé chevalier de la Légion d'Honneur, mais il ne porta pas plus la croix que le camail, et il fallut décorer son cercueil par un emprunt.

Le 14 septembre 1859, Mgr Chalandon chanta lui-même la grand'messe à Ars, devant un concours prodigieux de pèlerins; puis il monta en chaire et prononça d'une voix émue le panégyrique du curé d'Ars.

M. Vianey a été inhumé au milieu de l'église d'Ars. Son tombeau est d'une austère simplicité : il consiste en un marbre noir entouré d'une grille en fonte. Dans la partie supérieure, au milieu d'un ovale creusé dans le marbre, on lit cette inscription : « Jean-Baptiste-Marie Vianey, curé d'Ars. » A l'extrémité de cette pierre tumulaire, six chandeliers surmontés de cierges, entretenus par le soin et la piété des fidèles, brûlent continuellement. Des pèlerins sont constamment agenouillés à l'entour de ce marbre sur lequel ils apposent respectueusement leurs lèvres.

Le zèle des pèlerins ne se ralentit pas. On ne va plus pour voir le bon prêtre et pour l'entendre, mais pour visiter sa modeste tombe; on s'agenouille près du marbre qui recouvre ses restes, on l'implore comme intercesseur pour obtenir du ciel la santé du corps et le salut de l'âme ; on espère, et on a raison, que Dieu fera connaître par des miracles la sainteté de son serviteur.

On rapporte de M. Vianey des vues surprenantes sur la vocation des personnes qui le consultaient, ainsi que des prédictions de guérisons alors existantes, mais inconnues de ceux qui venaient lui parler pour les malades.

On rapporte de lui bien d'autres faits auxquels l'opinion publique donne un caractère miraculeux. Le curé d'Ars, dit-on, a été manifestement secouru par le ciel dans l'érection de plusieurs de ses chapelles ; il devait des sommes considérables aux ouvriers qui les avaient établies, et toujours l'argent est venu à point nommé lorsque le pasteur en avait besoin. On cite de lui des prédictions qui se sont réalisées, notamment sur la fin de la guerre d'Italie, et sur la paix que la sagesse de l'Empereur allait signer.

Citons, d'après l'abbé Renard, quelques guérisons arrivées, dit-on, de son vivant et par ses prières.

Un jeune garçon, âgé de sept ans, ne pouvant pas marcher droit, ses parents se hâtèrent de consulter un homme de l'art, pour savoir d'où pouvait provenir l'irrégularité de sa marche. Le médecin reconnut en lui une courbure très-prononcée et ordonna qu'on lui fît un appareil pour maintenir ses jambes droites, ce qui força l'enfant d'être dans un état continuel de station et de repos. Ce remède n'ayant pas réussi, ses parents désolés prirent le parti de mener leur enfant à Ars pour implorer l'intercession de sainte Philomène, en l'honneur de laquelle ils firent une neuvaine avec tous les sentiments de la piété chrétienne. Ils implorèrent également le secours de la Sainte-Vierge. Leur confiance ne fut pas trompée, car le 9 du mois d'août 1848, ce, enfant recouvra l'usage de ses jambes et la courbure disparut entièrement.

Encore une autre guérison :

Une jeune fille, âgée de douze ans, avait, depuis cinq mois, perdu l'usage de ses jambes par suite d'une grave maladie. S'étant fait conduire à Ars pour obtenir sa guérison, elle se hâta de se mettre sous la protection de la Sainte-Vierge et de faire une neuvaine en l'honneur de sainte Philomène. L'innocence et la candeur de ses prières ne restèrent pas sans effet. Au bout de la neuvaine, cette jeune fille reçut, assise sur une chaise, la sainte communion avec tous les sentiments d'une vraie piété. Quelques instants après, et ayant fini son action de grâces, elle se leva seule et marcha par l'Église, sans avoir besoin d'aucun appui.

La guérison qui suit a quelque chose de naïf et de touchant. C'est celle d'une petite fille qui ne pouvait marcher qu'à l'aide de béquilles. Elle s'était fait conduire à Ars, et elle avait en sainte Philomène une confiance vive et pleine de simplicité. Cette fille ayant rencontré M. le Curé, lui dit avec naïveté : « Monsieur le « Curé, faut-il porter mes béquilles à sainte Philo-« mène? — Oui, mon enfant, lui répondit M. le Curé, « portez-les de suite. » La petite fille obéit, porta ses béquilles à sainte Philomène et revint parfaitement guérie.

Un gendarme n'avait qu'un fils tellement affligé, qu'une de ses jambes était pliée derrière le dos; par surcroît de malheur, il avait perdu sa femme et se voyait forcé de quitter son service pour avoir soin de son enfant. Ayant obtenu une permission de trois jours, ce gendarme vint à Ars, avec son enfant, qu'il portait sur son bras. Il venait de dix lieues plus loin que Lyon. Quand il entra dans le café du chemin de fer, les employés se moquèrent de lui : « Qu'allez-vous « chercher à Ars? lui disaient-ils. Le mal de votre en-« fant est incurable... M. le Curé d'Ars n'est pas méde-« cin, comment voulez-vous qu'il guérisse votre en-« fant? — Laissez-moi faire, répondit le gendarme, je « suis décidé à aller jusqu'au bout, j'ai foi aux prières « de cet homme de Dieu, de ce Prêtre si vertueux. »

Dès qu'il fut arrivé à Ars, ce brave gendarme alla trouver le ministre du Seigneur : « Monsieur le Curé, « lui dit-il, vous voyez le triste état de mon pauvre en-« fant, c'est ma seule ressource ; j'ai eu le malheur de « perdre ma femme; veuillez vous intéresser pour lui « auprès de Dieu, afin qu'il daigne lui accorder sa « guérison. M. le Curé lève les yeux au ciel et dit au gendarme : « Mon ami, votre enfant sera guéri. » A l'instant même la jambe de l'enfant se redresse et il marche seul. Cet enfant pouvait avoir six ans. Nous tenons ce fait d'un témoin oculaire; il est arrivé il y a sept ans.

Voici d'autres faits rapportés par plusieurs des historiens du Curé d'Ars :

Un jeune ecclésiastique qui doutait encore des merveilles qu'il entendait raconter sur ce saint homme, voulut s'en assurer par lui-même. Il alla donc faire une visite au voyant de notre époque, et pour mieux déguiser son intention, il se présenta à lui sous un habit séculier, et le consulta sur l'état où Dieu l'appelait, comme s'il n'en avait encore choisi aucun. Le prophète le regarda avec douceur et ne lui dit que ces trois mots, qui le pénétrèrent de respect et de crainte : *Vous, soyez un bon prêtre.*

Des jeunes gens sans religion, comme il y en a aujourd'hui beaucoup, osèrent se rendre à Ars pour y insulter la religion dans la personne de son vénérable Ministre. Ils feignirent de vouloir se confesser à lui et assignèrent formellement ce motif à leur visite ; mais le saint Confesseur qui lisait dans leurs cœurs, vit aussitôt leurs intentions véritables. Il leur dévoila le mauvais état de leur conscience avec une force et une clarté telle que les jeunes libertins, touchés et convertis par l'influence surhumaine qui en ce moment agissait sur eux, tombèrent à ses pieds et lui firent en effet une humble confession de leurs égarements.

Une jeune personne d'une piété angélique, mais d'une santé très-frêle, très-languissante, éprouvait quelque peine à accepter les soulagements que son directeur lui conseillait de prendre. Elle alla consulter l'homme de Dieu qui ne la connaissait pas, qui ne l'avait jamais vue. Voici la réponse qu'il lui fit du ton le plus paternel et avant même qu'elle eût eu le temps de s'expliquer :

« Mon enfant, vous êtes malade, vous le serez toujours ; c'est le dessein de Dieu sur vous, et sa volonté est aussi que vous acceptiez les soulagements nécessaires à votre état ; cela ne vous empêchera pas d'arriver à la perfection. »

La jeune personne se retira pleine de confiance et d'abandon.

Je vais citer un fait bien remarquable et qui m'a été pourtant attesté par des personnes dignes de foi.

Un négociant des environs d'Aix en Provence, extrêmement inquiet de la santé de sa femme, qui depuis quatre mois était couchée sur un lit de douleur, se rendit auprès du vénérable Curé d'Ars pour lui demander le secours de ses prières. A son arrivée dans l'Église, le Curé était à l'autel pour dire sa messe. On pria donc le voyageur de l'attendre à la sacristie. Le sacrifice achevé, l'homme de Dieu, en descendant de l'autel, alla droit à l'étranger, dont, humainement parlant, il ne pouvait connaître la présence dans la sacristie, et, le serrant dans ses bras avec une bonté et une affabilité toute céleste, il lui dit : — *Pourquoi vous affligez-vous, Monsieur, à l'heure qu'il est votre épouse éprouve un grand mieux et sort de chez elle.* Étonné, stupéfait de voir sa peine comprise avant même qu'il l'eût expliquée au saint Prêtre ou à qui que ce fût dans le village, le négociant fut bien plus étonné lorsque, sur le point de rentrer à la maison, il vit ses domestiques venir à sa rencontre et lui annoncer la guérison de sa femme, qui avait eu lieu à l'heure même où le saint Prêtre lui avait parlé.

Ce trait semble être la reproduction de celui que les Évangiles nous rapportent de Jésus-Christ et du fils de l'officier de Capharnaum. S'il est vrai, il prouve que Jésus-Christ a transmis réellement à ses Apôtres et à ses grands serviteurs le don de reproduire les mêmes miracles que lui.

Nous aurions à citer beaucoup d'autres traits surprenants, miraculeux, qui attestentl la Sainteté du digne Prêtre; mais nous avons assez dit, pour sa gloire et pour l'édification publique.

Et, voyez, à peine la tombe du curé d'Ars est fermée, que la piété des fidèles lui attribue encore de ces guérisons qu'il n'aimait pas faire par humilité pendant sa vie, et dont il renvoyait tout l'honneur à Marie ou à sainte Philomène. On en cite trois. Nous allons les rapporter, bien entendu, sans les attester. On a vu, par notre avant-propos, que nous n'entendions aucunement devancer le jugement de l'Eglise, et nous devons recommander sur ce point la plus grande circonspection aux chrétiens.

1° Un enfant, de six à sept ans, perclu de ses jambes depuis quatre ans, amené par sa mère sur le tombeau de M. Vianey, se serait levé debout lui-même, puis aurait marché dans le village et en serait parti sans le moindre mal ;

2° Une femme, d'une quarantaine d'années, avait le bras droit horriblement enflé et ulcéré depuis longtemps. Elle aurait eu recours vainement à la science médicale, qui se serait déclarée vaincue. Venue à Ars, sur la nouvelle de la mort de M. Vianey, elle se serait retirée entièrement guérie après avoir prié sur son cercueil ; puis, négligeant les conseils des frères de Saint-Joseph, qui lui demandaient de faire attester sa guérison par son médecin, elle aurait répondu qu'il lui suffisait de ne plus souffrir, et qu'elle ne s'inquiétait pas d'autre chose ; et comme le miracle n'avait eu lieu que pour faire éclater la gloire du Serviteur de Dieu, dès qu'elle avait manifesté cette insouciance coupable, elle aurait été immédiatement reprise de ses douleurs ordinaires ;

3° Une jeune fille, mal opérée de la cataracte, il y a deux ans (elle en a seize), presque aveugle et ne pouvant se conduire, aurait pleinement recouvré la vue, en invoquant M. Vianey, le jour anniversaire de la quarantaine, où elle s'était rendue à l'église d'Ars.

Quiconque lira cette *esquisse*, écrite de bonne foi et dans les meilleures intentions, sera convaincu qu'il est parlé d'un homme selon le cœur de Dieu, d'un chrétien vraiment antique, tel qu'il ne s'en rencontre que dans les premiers siècles du Christianisme. La piété, la reconnaissance, nous ont guidé dans notre travail. Puissiez-vous le bénir, ô digne Pasteur, car nous ne l'avons entrepris que pour votre gloire et pour celle de l'Église catholique illustrée par vous.

FIN.

9 782013 375405